AF413155

NUTRIR A LA PRÓXIMA GENERACIÓN

Nutrir a la próxima generación

Técnicas modernas de Crianza

AVERY NIGHTINGALE

Creative Quill Press

CONTENTS

Introducción

En una época caracterizada por rápidas progresiones mecánicas, estándares culturales cambiantes y una escena mundial en constante desarrollo, la especialidad de crianza está atravesando un cambio. Los tutores actuales están explorando dominios extraños, desde supervisar el tiempo frente a la pantalla hasta atender las complejidades del bienestar psicológico de los niños. La tarea de formar personas equilibradas, versátiles y compasivas en el siglo XXI presenta una notable serie de dificultades y valiosas puertas abiertas. Este libro, "Sustaining the Future: Current Nurturing Strategies", pretende actuar como una luz rectora para los padres que se esfuerzan por adaptar sus hábitos para satisfacer las necesidades de la cultura actual, garantizando que sus hijos prosperen en este poderoso mundo.

El escenario de la crianza actual

La crianza actual no es en particular la misma que era hace una época. La presentación de la web, el entretenimiento en línea y los dispositivos inteligentes ha cambiado la forma en que vivimos y nos comunicamos, así como la forma en que educamos a nuestros hijos. La era informatizada conlleva una gran cantidad de datos y puertas abiertas, pero también presenta dificultades que épocas pasadas nunca necesitaron considerar. Las consultas sobre el tiempo frente a la pantalla, el bienestar en línea y el efecto del entretenimiento basado en la web en la confianza son actualmente vitales para fomentar los debates.

Además, el auge de la atención plena al bienestar psicológico ha movido la atención no solo de la prosperidad real al bienestar mental y cercano al hogar. Los tutores actuales son más receptivos a los indicios de estrés, tensión y tristeza en sus hijos y comprenden la importancia básica de mantener la fortaleza mental desde el principio.

Los movimientos ecológicos y culturales que estamos viendo hoy –desde el cambio medioambiental hasta la evolución de los derechos civiles– también desempeñan un papel enorme en la formación de las cualidades y necesidades del futuro. Actualmente, a los tutores se les confía la tarea de inculcar en sus hijos un sentimiento de obligación hacia el planeta y sus redes, cultivando un espíritu de manejabilidad, compasión y ciudadanía mundial.

Lo básico para ajustar

La necesidad de que los tutores ajusten sus métodos de crianza nunca ha sido muy difícil. Las técnicas convencionales de crianza, aunque todavía ofrecen ejemplos importantes, quizá no aborden por completo las dificultades y abran las puertas introducidas por la era informática. Es fundamental que los padres avancen en sus metodologías, incorporando nuevos datos y sistemas para guiar a sus hijos a través de los entresijos de la vida actual.

Esta transformación va más allá de simplemente forzar puntos de corte del tiempo de pantalla o controlar el movimiento de la web. Implica adoptar una perspectiva integral sobre el desarrollo de los niños que incorpore la capacidad de apoyo para comprender a las personas en un nivel más profundo, promover el razonamiento decisivo, cultivar la imaginación y potenciar la energía para un aprendizaje duradero. La crianza actual está relacionada con la planificación de los niños para las dificultades que enfrentan hoy, así como con dotarlos de las habilidades y perspectivas para explorar las vulnerabilidades que representan el futuro.

Lo que los lectores pueden esperar

"Sostener el futuro: métodos de crianza actuales" pretende ser una ayuda exhaustiva para los tutores que deseen adoptar estas progresiones y abordar de frente las dificultades de la crianza actual. A lo largo de este libro, los lectores pueden esperar encontrar:

• Fragmentos de conocimiento en el creciente escenario de la crianza, destacando las dificultades especiales y las valiosas puertas abiertas que acompañan la crianza de los niños en la era informatizada.

• Procedimientos para cultivar la capacidad de apreciar a las personas en un nivel más profundo, incluyendo la compasión, la fuerza y la autoguía, que son urgentes para obtener resultados individuales y expertos en el siglo XXI.

• Orientación a adaptar la innovación y el día a día, ofreciendo métodos viables para controlar el tiempo frente a la pantalla, garantizando la seguridad en la red y utilizando herramientas avanzadas para mejorar el aprendizaje y la innovación.

• Orientación sobre cómo impartir ventajas de mantenibilidad y ciudadanía mundial, planeando a los jóvenes para que sean administradores confiables del planeta y miembros dinámicos en sus redes.

• Maneras creativas de afrontar la escolarización y el aprendizaje, destacando la importancia de la versatilidad, el razonamiento decisivo y la adoración por la revelación más allá del ambiente convencional de sala de estudio.

• Suposiciones bien calificadas y guías genuinas para representar ideas clave y motivar a los tutores a explorar excursiones comparativas.

Hacia el final de este libro, los lectores estarán equipados con los conocimientos y herramientas para ajustar sus estilos de crianza, fomentando un clima en el que los niños se sientan apoyados, comprendidos y preparados para prosperar en el mundo moderno. Deberíamos emprender esta excursión juntos, manteniendo la vanguardia con empatía, astucia y una visión de futuro.

| 1 |

Capítulo uno: Una breve historia de los estilos de crianza

La crianza, una característica siempre en desarrollo de la cultura humana, ha pasado por cambios críticos desde siempre, reflejando los escenarios sociales, monetarios e innovadores de la época. Este recorrido desde los ensayos de crianza compartida en los órdenes sociales premodernos hasta los enfoques centrados en el individuo de la época moderna ofrece experiencias importantes sobre el complejo concepto de criar a los niños.

El período premoderno

En los órdenes sociales premodernos, la crianza era generalmente un esfuerzo público. Familias más lejanas vivían respectivamente o cerca, compartiendo las obligaciones de criar a los hijos. Los jóvenes eran vistos como una pieza esencial de la fuerza laboral, contribuyendo a la resistencia de la familia a través de recados y trabajo cuando tenían la opción. Esta vez se quedó corto en la idea de que la experiencia de crecer es un período inconfundible y protegido de la vida, en el que los niños frecuentemente son vistos como "pequeños adultos".

El malestar moderno

La Agitación Moderna denotó un cambio esencial en las estructuras familiares y en los trabajos de crianza. A medida que las familias se trasladaron a las regiones metropolitanas en busca de trabajo, la unidad familiar resultó ser más omnipresente, disminuyendo el impacto de la familia más distante. Este período también vio los puntos de partida de la crianza "centrada en los niños", con un reconocimiento cada vez mayor de la vida joven como una fase especial y significativa del giro de los acontecimientos humanos. Sin embargo, el trabajo infantil se mantuvo normal y dedicar recursos al desarrollo educativo y cercano de los niños aún no era una preocupación de gran alcance.

El vigésimo siglo

El siglo XX presentó cambios tremendos en los métodos de razonamiento, fuertemente impactados por el área emergente de la investigación del cerebro. Figuras como Sigmund Freud, John Bowlby y Benjamin Spock contribuyeron a la comprensión del desarrollo infantil, subrayando la importancia de los sentimientos de los niños y el efecto de los estilos de crianza en su prosperidad mental. La idea de "conexión" se volvió central, impulsando una forma cálida y compasiva de abordar la crianza de los niños.

Durante este tiempo, el estilo de crianza definitivo, caracterizado por una armonía entre capacidad de respuesta y exigencia, comenzó a ganar popularidad. Este enfoque instó a los tutores a establecer suposiciones claras y al mismo tiempo apoyar la libertad de sus hijos y el desarrollo cercano al hogar. El último 50% del siglo XX vio una mayor atención sobre el cultivo de la confianza y la independencia en los niños, dando paso a enfoques más impulsados por los jóvenes que abrumarían a mediados del siglo XXI.

A medida que avanzamos en el siglo XXI, estos patrones hacia la comprensión y el apoyo a las necesidades mentales y cercanas al hogar de los niños continuaron desarrollándose, afectados aún más por avances mecánicos y estándares culturales en movimiento. Las siguientes áreas profundizarán en cómo estos elementos han moldeado los métodos de crianza actuales y la idea única de la vida cotidiana en la era computarizada.

Cómo los cambios culturales han formado procedimientos de crianza

El desarrollo de la crianza no es sólo una historia de cambios en las formas de pensar y estilos, sino también una impresión de movimientos económicos, sociales y sociales más amplios. La última opción, parte del siglo XXI, ha visto cambios emocionales en la estructura que mantiene unido el sistema, cada uno de los cuales deja una huella permanente en los procedimientos y necesidades de fomento.

Movimientos monetarios

Las circunstancias financieras afectan significativamente la vida cotidiana y la crianza. En tiempos de florecimiento financiero, las familias a menudo aprecian activos más importantes para invertir en la educación, las actividades extracurriculares y la prosperidad de sus hijos. Los tutores podrían centrarse en ejercicios de mejora, desde ilustraciones musicales hasta grupos deportivos, con el fin de brindar una infancia equilibrada. Alternativamente, las caídas y crisis monetarias logran una mayor presión monetaria, lo que influye en las necesidades y preocupaciones de los padres. El centro podría avanzar hacia garantizar que se satisfagan las necesidades fundamentales, con menos énfasis en la mejora y más en otorgar habilidades útiles como educación monetaria y versatilidad. La fragilidad financiera puede llevar a los tutores a subrayar el valor del trabajo difícil, la frugalidad y la importancia de la formación como camino hacia la confiabilidad.

Damas en la fuerza laboral

El crecimiento emocional en el número de mujeres que ingresan a la fuerza laboral a lo largo de las últimas décadas ha cambiado en un nivel muy básico las peculiaridades relacionales y los enfoques de crianza. El ascenso de las familias con doble salario ha requerido cambios en las prácticas de crianza, especialmente en lo que respecta al cuidado de los niños y la vida familiar cotidiana. Este cambio se ha sumado al creciente interés por servicios de cuidado infantil de calidad, programas extraescolares y una reconsideración de las funciones de los padres dentro de la familia. También ha provocado más ensayos de crianza libertaria, en los que los dos guardianes comparten responsabilidades que alguna vez estuvieron habitualmente aisladas según líneas de orientación. Además, la presencia de madres trabajadoras ofreció nuevos modelos para los jóvenes, mostrando la armonía entre el logro competente y el día a día. Este avance refleja cambios culturales más amplios hacia la correspondencia de orientación y tiene sugerencias sobre cómo los niños, prestando poca atención a la orientación, ven sus trabajos y abren puertas ante el público.

Desarrollos sociales y sociales

La crianza no puede separarse de los desarrollos sociales y sociales que dan forma a las cualidades y estándares culturales. Los avances que defienden los derechos civiles, la manejabilidad natural y la conciencia mundial afectan fundamentalmente los valores de crianza. Los tutores de hoy están obligados a arraigar las ventajas de la inclusión, la compasión y la capacidad de respuesta social desde el principio. La conciencia ecológica ha impulsado a las familias a adoptar formas de vida prácticas adicionales, subrayando la importancia de la protección y el respeto por la naturaleza. Estas cualidades muchas veces se transmiten a los jóvenes a través de prácticas cotidianas, como la reutilización, la protección de bienes y el compromiso con causas sociales. Además, la globalización ha presentado a las familias a un conjunto más amplio de sociedades y puntos de vista, potenciando un enfoque enriquecedor que subraya la liberalidad, la versatilidad y el entusiasmo por la variedad. Este punto de vista mundial prepara a los niños para explorar un mundo inexorablemente interconectado, cultivando un sentimiento de ciudadanía y obligación mundial.

El impacto de estos cambios culturales en los procedimientos de crianza incluye la versatilidad y flexibilidad de las familias incluso con escenarios económicos, sociales y sociales en constante cambio. A medida que los tutores exploran estos cambios, siguen buscando las formas más efectivas de preparar a sus hijos para las complejidades del mundo de vanguardia, compensando las cualidades habituales con nuevas necesidades e inquietudes.

Estos movimientos culturales han afectado las partes funcionales de la crianza y también han formado las cualidades y objetivos básicos que los tutores buscan impartir en sus hijos. A medida que avanzamos en la investigación del efecto de la innovación en las peculiaridades relacionales, obviamente estos impactos culturales brindan un escenario contra el cual se despliega la insurgencia computarizada, enredando y mejorando aún más el bordado de la crianza actual.

El efecto de la innovación en las complejidades relacionales

La Agitación Computarizada ha introducido otro momento en el conjunto de experiencias de la humanidad, influyendo significativamente en cada parte de la vida, incluida la forma en que las familias se conectan, se transmiten y son padres. El enfoque de la web, los teléfonos móviles y el entretenimiento virtual ha llevado estas dos asombrosas puertas abiertas y dificultades a complejidades relacionales, reclasificando el escenario de la crianza actual.

El malestar avanzado

La introducción de la Web y de los dispositivos avanzados en la existencia cotidiana ha sido quizás una de las mejoras más innovadoras de la historia tardía. Actualmente, las familias cuentan con una gran cantidad de información y un área local mundial disponible. Los recursos educativos, los consejos de apoyo y los grupos de atención en línea se han convertido en importantes aparatos para los tutores. Sin embargo, esta avanzada inundación acompaña sus complejidades. La entrada directa al mundo informatizado ha oscurecido las fronteras entre la vida pública y la confidencial, presentando a los niños a una gama más amplia de impactos y peligros que en cualquier otro momento. La ubicuidad de los dispositivos computarizados también ha planteado preocupaciones sobre los impactos del tiempo frente a la pantalla en el desarrollo de las actividades, la capacidad de concentración y las habilidades interactivas de los niños.

Cambiando las colaboraciones

En general, la innovación ha ajustado la manera en que las familias se comunican entre sí. La correspondencia entre padres e hijos puede realizarse con frecuencia a través de medios computarizados, desde mensajes instantáneos hasta videollamadas, particularmente en familias donde los tutores pueden trabajar períodos prolongados o viajar con frecuencia. Si bien esto puede ayudar a mantener conexiones cómodas independientemente de la separación real, también genera preocupaciones sobre la naturaleza cada vez menor de las colaboraciones cercanas y personales y el desarrollo de las habilidades relacionales en los niños. Además, la idea de juego se ha desarrollado, y las tareas proactivas habituales se han ido mejorando o reemplazando progresivamente por juegos avanzados y encuentros en línea. Este cambio tiene consecuencias para el bienestar real, la inventiva y el giro social de los acontecimientos de los niños, lo que lleva a los padres a buscar mejores formas de adaptar el juego computarizado y certificable.

Crianza avanzada

Explorar las dificultades de criar habitantes locales avanzados espera que los guardianes adopten nuevas técnicas y enfoques. En realidad, una de las preocupaciones esenciales es controlar el tiempo frente a la pantalla. A los tutores se les encomienda definir límites en torno al uso de dispositivos avanzados, esforzándose por ajustar el uso educativo y deportivo de las pantallas y al mismo tiempo potenciar el compromiso en ejercicios desconectados. Esto incluye verificar la cantidad de tiempo frente a la pantalla y organizar la naturaleza del contenido computarizado para garantizar que contribuya enfáticamente al giro de los acontecimientos de sus hijos.

Garantizar la seguridad en Internet es otra parte fundamental de la educación informática. Dado que los niños se acercan a Internet a edades cada vez más tempranas, los padres deben aprender a sí mismos y a sus hijos sobre la protección en Internet, el ciberacoso y la importancia del razonamiento decisivo mientras exploran los espacios en línea. Esto incluye realizar controles parentales, examinar la duración de las impresiones digitales y cultivar un clima en el que los niños se sientan abiertos a hablar sobre sus encuentros en línea con sus padres.

La crianza avanzada también se extiende a demostrar el uso adecuado de la innovación. Los tutores son buenos ejemplos esenciales para sus hijos, y sus formas de comportarse con respecto al tiempo frente a la pantalla, el uso del entretenimiento basado en la web y las conexiones en línea impactan por completo las propensiones y perspectivas de sus hijos hacia la innovación.

El malestar computarizado ciertamente ha cambiado las complejidades relacionales, brindando a los guardianes actuales una serie de dificultades que eran imposibles hace una época. En cualquier caso, además ofrece inigualables puertas abiertas para el aprendizaje, la asociación y el desarrollo. Al aceptar las complejidades de la era informática, los tutores pueden dirigir a sus hijos a través de las complejidades del mundo basado en la web, fomentando la versatilidad, la compasión y las habilidades de razonamiento decisivo que son fundamentales para explorar la escena avanzada.

Al finalizar esta parte sobre "El desarrollo de la crianza", resulta obvio que la excursión de la crianza continúa desarrollándose, moldeada por movimientos auténticos, cambios culturales y progresiones innovadoras. Comprender este desarrollo brinda experiencias importantes sobre las dificultades y posibilidades de la crianza actual, abriendo camino para investigar los métodos de crianza contemporáneos en las partes que lo acompañan.

| 2 |

Capítulo 2: Comprender a los niños de hoy

Locales computarizados: el efecto del mundo avanzado en el giro de los acontecimientos en los niños

La expresión "locales informatizados" alude a la edad de los jóvenes introducidos naturalmente en un mundo empapado de innovación avanzada. A diferencia de edades pasadas, estos niños crecen conectándose con teléfonos móviles, tabletas y la web desde el principio, lo que influye por completo en el giro mental y social de sus acontecimientos.

Prólogo a locales informatizados

Los locales computarizados se describen por su similitud y simplicidad con la innovación, y a menudo muestran un manejo instintivo de dispositivos y escenarios avanzados. Esta apertura temprana afecta sus inclinaciones de aprendizaje, estilos de correspondencia y ejercicios deportivos, separándolos de edades anteriores.

Mejora mental y social en la era informatizada

El mundo computarizado ofrece una gran cantidad de oportunidades para que los acontecimientos cambien mentalmente, incluida la admisión a inmensos activos de datos, dispositivos de aprendizaje inteligentes y etapas que promueven el pensamiento crítico y la adaptabilidad mental. No obstante, surgen preocupaciones con respecto a la posibilidad de que disminuyan las capacidades de concentración, las capacidades interactivas ojo a ojo y el riesgo de sobrecarga de datos.

La mejora social en la edad avanzada es igualmente complicada. Si bien las etapas avanzadas trabajan con asociaciones internacionales y la comunicación informal más allá de las limitaciones topográficas, también presentan dificultades. Las sutilezas de la correspondencia avanzada pueden generar impresiones falsas, y la inmutabilidad y la naturaleza pública de las colaboraciones en línea pueden tener ramificaciones sociales duraderas para los jóvenes.

Es urgente ajustar estas sorprendentes puertas abiertas y peligros. Los tutores y profesores desempeñan un papel esencial a la hora de orientar a los niños para que exploren de forma fiable el mundo informatizado. Esto incluye definir límites en torno al tiempo frente a la pantalla, potenciar diferentes ejercicios y mostrar habilidades básicas avanzadas.

Compensar las puertas abiertas computarizadas con posibles peligros

Encontrar algún tipo de armonía entre abordar la capacidad educativa de las innovaciones computarizadas y moderar sus peligros requiere un esfuerzo deliberado. Está relacionado con el avance de las tendencias en el uso de los medios de comunicación, garantizando que los niños aprovechen el contenido adecuado y mejorado para su edad, y cultivando un clima donde la innovación mejora, en lugar de degradar, los objetivos educativos.

La capacidad de apreciar a las personas en un nivel profundo: el camino hacia los logros futuros

En un período en el que los datos abundan y las habilidades especializadas pueden volverse obsoletas inmediatamente, la capacidad de comprender a las personas en un nivel profundo (IE) surge como una base inmortal para los logros individuales y expertos. Este segmento investiga la encarnación de la capacidad de apreciar a cualquier persona en un nivel más profundo, su efecto significativo en el giro de los acontecimientos de los niños y las tareas urgentes que desempeñan los tutores y maestros para mantener estas habilidades fundamentales.

Descubrir la capacidad de apreciar a alguien en un nivel más profundo.

La capacidad de apreciar a las personas en un nivel más profundo, término promovido por el médico Daniel Goleman durante la década de 1990, incluye la capacidad de percibir, comprender, valorar y utilizar decididamente los propios sentimientos para aliviar la presión, impartir con éxito, relacionarse con otras personas, vencer las dificultades y detener la lucha. La IE contribuye a diferentes aspectos de la vida, incluida la correspondencia social, la flexibilidad, la dirección independiente y la iniciativa. A diferencia del nivel de inteligencia, que es moderadamente estable, la IE se puede crear y mejorar a lo largo de la vida, lo que hace que su desarrollo en los niños sea un gran interés para su futuro.

Partes de La capacidad de comprender a las personas en un nivel más profundo:

1. Autoconciencia: Recordar los propios sentimientos y sus efectos.
2. Autodirección: Lidiar con los sentimientos de manera sólida.
3. Motivación: Sentimientos embriagadores para buscar objetivos.
4. Empatía: Captar las sensaciones de los demás.
5. Habilidades sociales: Supervisar las conexiones con éxito.

Creando la capacidad de apreciar a cualquier persona en su esencia en los jóvenes.

La base de la capacidad de comprender a las personas a un nivel más profundo se encuentra en los primeros y largos períodos de la vida de un joven, formados esencialmente por sus colaboraciones con tutores, figuras paternas y educadores. Crear IE en los niños incluye entrenarlos para explorar su escena cercana a casa: percibir lo que sienten, comprender la razón por la que lo sienten y saber cómo comunicar adecuadamente sus sentimientos.

Metodologías para el avance:

• Demostrar la capacidad de apreciar a cualquier persona en un nivel profundo: los jóvenes dominan formas de comportamiento cercanas a casa y las habilidades ejecutivas al ver a todos los que los rodean.

Los tutores y maestros pueden mostrar estrategias sólidas y profundas de articulación y supervivencia, mostrando simpatía en sus comunicaciones con los demás y hablando de sus propios sentimientos de manera directa y productiva.

• Establecer un clima sinceramente rico: capacitar a los niños para que comuniquen sus sentimientos de manera transparente, sin juicios ni excusas, fomenta un clima donde la educación cerca del hogar puede florecer. Esto incluye nombrar y hablar sobre sentimientos, aprobar los sentimientos de los niños y orientarlos a través de la articulación y el objetivo cercano al hogar.

• Mostrar pensamiento crítico y habilidades de adaptación: es urgente dotar a los niños de sistemas para controlar la presión, resolver conflictos y adaptarse a sentimientos sombríos. Esto se puede lograr simulando, narrando y participando en ejercicios que fomenten el cuidado y la relajación.

• Potenciar la compasión y la conexión social: la simpatía, una parte básica de la IE, puede mantenerse mediante ejercicios que dinamizan la adopción de puntos de vista y formas de comportamiento afectuosas. Los ejercicios grupales, los juegos divertidos y las conversaciones sobre sentimientos y conexiones pueden ayudar a los niños a comprender e identificarse con los sentimientos de los demás.

El trabajo de tutores y maestros para mantener las habilidades cercanas al hogar

El desarrollo de la capacidad de comprender a las personas a un nivel más profundo en los niños definitivamente no es un ciclo ajeno; requiere un compromiso dinámico y confiable por parte de los dos tutores y maestros. Al brindar un clima que valora y respeta los sentimientos, los adultos pueden ayudar a los jóvenes a fomentar las habilidades necesarias para explorar las complejidades de las comunicaciones sociales y la superación personal.

Los tutores y profesores pueden:

• Centrarse en una escolarización profunda: coordinar el aprendizaje cerca del hogar en ejercicios cotidianos y programas educativos subraya su importancia. Esto puede incluir tiempo dedicado a examinar los sentimientos, integrar la educación profunda en el aprendizaje académico y utilizar minutos viables para investigar ideas cercanas.

• Utilice libros y medios como dispositivos: Las historias y los medios que exponen una variedad de sentimientos y situaciones pueden ser instrumentos poderosos para examinar sentimientos, simpatías y cuestiones morales, dando un trampolín para una investigación más profunda y cercana.

• Ofrezca críticas y dirección: aportaciones útiles sobre las reacciones personales y formas de comportamiento de los niños, combinadas con instrucciones sobre formas adicionales exitosas de cuidar sus sentimientos, fomentan el aprendizaje y la mejora.

• Fomentar un grupo de Gente Estable: Crear un área local en torno a los jóvenes que valore la capacidad de comprender a las personas a un nivel más profundo, incluidos familiares, instructores y amigos, respalde su importancia y estandarice su formación.

La capacidad de comprender a las personas en un nivel más profundo es un pilar del progreso y la prosperidad, superando los logros académicos y las habilidades especializadas. Al comprender sus componentes, fomentar eficazmente estas habilidades en los niños y establecer un clima propicio para un desarrollo profundo, los padres y maestros pueden proporcionar a la vanguardia los dispositivos que necesitan para prosperar en un mundo en constante impacto. Esta forma exhaustiva de abordar el mantenimiento de la capacidad de comprender a las personas en un nivel más profundo sienta las bases para un futuro en el que las conexiones sean más extravagantes, los desafíos se enfrenten con fuerza y se acepte y perciba toda la gama de inclinaciones humanas.

Mantener la imaginación y el razonamiento decisivo en un mundo organizado

En el panorama actual de escolarización y desarrollo infantil, la imaginación y el razonamiento decisivo surgen como habilidades básicas que preparan a los niños para explorar un mundo innegablemente alucinante. Esta parte profundiza en el significado de fomentar estas capacidades, formula técnicas exitosas para su desarrollo y aborda la prueba de promover estas habilidades dentro de las limitaciones de un sistema escolar organizado.

La importancia de la imaginación y el razonamiento decisivo

La imaginación y el razonamiento decisivo se consideran en gran medida habilidades fundamentales para el progreso en el siglo XXI. La imaginación, la capacidad de considerar nuevas posibilidades y crear pensamientos nuevos y creativos, es importante en las expresiones artísticas, así como en todas las áreas, potenciando el pensamiento crítico y el avance de nuevos avances y arreglos. El razonamiento decisivo, por otro lado, incluye examinar datos, evaluar pruebas y tomar decisiones contempladas. Juntas, estas habilidades permiten a las personas manejar las dificultades, adaptarse al cambio y contribuir seriamente a la sociedad.

• Flexibilidad y Pensamiento Crítico: En la realidad tal como la conocemos donde el cambio es la principal consistencia, la imaginación y el razonamiento decisivo planifican a los jóvenes para adaptarse y avanzar, transformando las dificultades en valiosas puertas abiertas.

• Perspicacia profunda y social: estas habilidades están firmemente conectadas con el conocimiento social y cercano al hogar, cultivando la simpatía, la colaboración y la correspondencia.

• Logro profesional futuro: a medida que avanzan la robotización y el razonamiento computarizado, las habilidades humanas especiales de imaginación y razonamiento decisivo se vuelven más significativas, reconociendo a las personas en la fuerza laboral.

Técnicas para potenciar las capacidades de razonamiento imaginativo y decisivo

Desarrollar la innovación y el razonamiento decisivo requiere un esfuerzo decidido y un clima que potencie la investigación, el abordaje y el ensayo y error. Los siguientes son sistemas que los guardianes e instructores pueden utilizar para mantener estas habilidades indispensables:

• Energizar el interés y el abordaje: cultivar un clima en el que se inviten y apoyen las preguntas. Ayude a los jóvenes a plantear preguntas sencillas e investigar numerosas respuestas a sus problemas.

• Ofrezca oportunidades increíbles al aprendizaje activo: atraiga a los niños a ejercicios que esperen que configuren, construyan, exploren y consideren su forma de aprender. Los proyectos involucrados, los exámenes de ciencias y los ejercicios de mano de obra vigorizan el razonamiento imaginativo y el pensamiento crítico.

• Incorporar el aprendizaje interdisciplinario: energizar el descubrimiento que cruza los límites de las materias convencionales, mostrando a los niños la interconexión de la información y promoviendo habilidades de razonamiento adaptables.

• Promover una perspectiva de desarrollo: Energizar una mentalidad en la que los movimientos se consideren puertas abiertas para el desarrollo en lugar de obstáculos inconcebibles. Elogie el esfuerzo, la determinación y la oportunidad de perseguir el aprendizaje.

• Haga un lugar de refugio para la decepción: enfatice que la decepción es una parte importante de la experiencia de crecimiento. Ofrezca ayuda y críticas productivas, potenciando la reflexión sobre lo que salió mal y cómo avanzar hacia los problemas de manera contrastante de aquí en adelante.

Superar las dificultades en un sistema escolar profundamente organizado

Si bien la idea organizada de numerosos sistemas escolares se centra en pruebas administradas por el estado y programas educativos uniformes, con frecuencia prácticamente descarta la mejora de la innovación y el razonamiento decisivo. Superar estos imperativos requiere metodologías imaginativas y respaldo para un cambio fundamental.

• Integrar el razonamiento creativo y decisivo en el plan educativo: la promoción del cambio educativo puede impulsar la coordinación de estas habilidades en el plan educativo, garantizando que se les proporcione una necesidad cercana a las materias académicas convencionales.

• Utilice la innovación y los dispositivos computarizados: influya en la innovación para brindar oportunidades de crecimiento intuitivas y personalizadas que desafíen a los estudiantes a pensar de manera básica e inventiva.

• Energizar el avance de los maestros: respaldar a los maestros para que adopten técnicas de exhibición creativas, como el aprendizaje basado en proyectos, aulas invertidas y la realización basada en solicitudes, que brindan a los estudiantes oportunidades de investigar y crear.

• Acercarse al entorno: asociarse con asociaciones vecinales, organizaciones y fundaciones sociales para ofrecer a los estudiantes actividades y temas reales a abordar, extendiéndose más allá de las paredes de la sala de estudio.

En resumen, el desarrollo de la imaginación y el razonamiento decisivo es fundamental a la hora de planificar a los jóvenes para un futuro caracterizado por cambios rápidos y complejos. A través de procedimientos intencionales y la promesa de superar las restricciones de los modelos educativos tradicionales, los padres y maestros pueden mantener estas habilidades fundamentales, garantizando que los niños actuales se conviertan en adultos versátiles, creativos y perspicaces. Este enfoque mejora la vida de las personas y contribuye al progreso y la prosperidad de la sociedad en general.

| 3 |

Capítulo 3: Comunicación en la era digital

En el panorama informatizado actual, la correspondencia ha avanzado considerablemente, brindando a las familias actuales dos dificultades y sorprendentes puertas abiertas. Esta sección profundiza en poderosos sistemas de correspondencia adaptados a las familias contemporáneas, investiga la armonía entre el tiempo frente a la pantalla y el tiempo familiar de calidad, y presenta formas en que la innovación puede mejorar la convivencia familiar sin suplantar las cooperaciones convencionales. El objetivo es guiar a las familias a explorar las complejidades de la correspondencia avanzada y al mismo tiempo fomentar asociaciones y comprensión más sólidas.

Poderosas técnicas de correspondencia para familias actuales

La base de cualquier relación familiar sólida es una correspondencia poderosa. A medida que las etapas avanzadas se van incorporando progresivamente al día a día, es fundamental ajustarse y asumir metodologías por correspondencia que atiendan tanto las puertas abiertas como las dificultades que presenta esta nueva realidad.

• Intercambio abierto sobre utilización avanzada: Energice conversaciones abiertas sobre propensiones, inclinaciones y preocupaciones informáticas dentro de la familia. Este intercambio debe abarcar no solo las perspectivas realistas, como los límites de tiempo frente a la pantalla, sino también reflexiones profundas, recuerdos de encuentros para entretenimiento en línea y colaboraciones en línea.

• Establezca reglas claras para la correspondencia computarizada: establezca principios y suposiciones claros sobre la correspondencia avanzada dentro de la familia. Esto incluye decoro para la información por texto, el uso de entretenimiento virtual y los juegos en Internet, garantizando que las comunicaciones digitales se mantengan conscientes y productivas.

• Influir en la innovación para la correspondencia familiar: utilizar instrumentos avanzados para mejorar la correspondencia entre familiares. Las charlas grupales, las videollamadas y los horarios compartidos en línea pueden ayudar a mantener a todos conectados e informados, especialmente en familias donde las personas tienen planes ocupados o viven separados.

Compensar el tiempo frente a la pantalla con tiempo familiar de calidad

A medida que el tiempo frente a la pantalla infringe cada vez más el tiempo en familia, encontrar el equilibrio adecuado es vital para mantenerse al día con conexiones sólidas y garantizar que los dispositivos computarizados mejoren en lugar de degradar la vida cotidiana.

• Diseño de zonas y horarios sin pantalla: asigne regiones explícitas en el hogar y horarios durante el día sin pantalla, por ejemplo, durante cenas o reuniones familiares. Esto garantiza que los familiares estén completamente presentes y unidos unos con otros.

• Realice ejercicios de tiempo compartido frente a la pantalla: cuando el tiempo frente a la pantalla sea importante para el tiempo en familia, elija ejercicios que impulsen la comunicación y la participación, por ejemplo, jugar juegos de computadora juntos o mirar una película familiar, lo que puede fomentar encuentros compartidos.

• Centrarse en ejercicios apagados: Participe habitualmente en ejercicios familiares que no incluyan pantallas, como actividades al aire libre, juegos de mesa o expresiones y obras de arte. Estos ejercicios abren importantes puertas a la asociación y la imaginación, liberadas de interrupciones avanzadas.

Utilizar la innovación para mejorar la propiedad familiar, no para reemplazarla

Si bien la innovación puede parecer aquí y allá un obstáculo para las asociaciones familiares reales, cuando se utiliza con atención, también puede ofrecer mejores formas de vincularse y compartir encuentros.

• Compartir intereses y empresas informáticas: inste a sus familiares a compartir entre sí sus ventajas avanzadas, como sus aplicaciones, juegos o proyectos en línea más queridos. Este compartir puede dar lugar a nuevas actividades de ocio divididas y a una comprensión más profunda entre familiares.

• Utilice la innovación para trabajar con el aprendizaje y la investigación: aproveche al máximo las aplicaciones instructivas, los sitios y los encuentros de realidad generados por computadora que abordan el aprendizaje como puertas abiertas para toda la familia. Investigar juntos nuevos temas u objeciones virtuales puede ser a la vez una tontería y un enriquecimiento.

• Capte y ofrezca recuerdos con cuidado: utilice aparatos avanzados para crear y compartir recuerdos familiares. Esto puede incluir la creación de colecciones de fotografías digitales, la grabación de mensajes en vídeo sobre los logros familiares o la creación de un blog familiar para informar de proyectos y experiencias.

En general, la Parte 3 enfatiza la importancia de una correspondencia viable, encontrar un buen arreglo general entre el tiempo frente a la pantalla y el tiempo en familia, y utilizar la innovación para mejorar en lugar de suplantar la propiedad familiar. Al adoptar estas metodologías, las familias actuales pueden explorar la era informática con certeza, garantizando que la innovación fortalezca los vínculos familiares y avance en la vida cotidiana. A través de un compromiso cuidadoso con instrumentos y escenarios computarizados, las familias pueden establecer un clima fuerte y asociado que sostenga las conexiones y fomente la correspondencia abierta.

| 4 |

Capítulo 4: Construyendo Inteligencia Emocional

Sistemas para cultivar la simpatía, la fuerza y la autoguía

Cómo captar la compasión, la flexibilidad y la autodirección

• La compasión es la capacidad de comprender y discutir los pensamientos de otro. Es fundamental para construir conexiones sólidas y cultivar un sentimiento de empatía y comprensión.

• Fuerza alude a la capacidad de recuperarse rápidamente de los problemas; está relacionado con regresar de las dificultades y mantener una perspectiva edificante.

• La autodirección incluye lidiar con los propios sentimientos y fuerzas motrices, empoderar a las personas para que comuniquen sus sentimientos de maneras valiosas, tomen decisiones inteligentes y actúen con simpatía hacia los demás.

Ejercicios pragmáticos y enfoques de mejora

• Compasión: Inste a los jóvenes a comunicar sus sentimientos y percibirlos en los demás. Utilice historias y pretenda delinear puntos de vista y sentimientos alternativos. Hable sobre situaciones genuinas que requieran simpatía y modele una conducta comprensiva en colaboraciones regulares.

• Versatilidad: mostrar a los jóvenes la capacidad de pensamiento crítico y el valor de la diligencia. Compartir relatos de fortaleza, tanto de encuentros individuales como de modelos verificables o ficticios. Inste a los jóvenes a trazar objetivos, enfrentar dificultades y ver las decepciones como puertas abiertas para el aprendizaje y el desarrollo.

• Autoguía: Ayude a los jóvenes a crear técnicas de supervivencia para lidiar con los sentimientos, como respirar profundamente, contar o tomarse un tiempo libre. Establece horarios que den diseño y seguridad. Commend se esfuerza por involucrar estos métodos en situaciones difíciles, aumentando el valor de la autodirección.

La importancia de la jerga profunda

Fomentar una jerga rica y profunda es fundamental para que los jóvenes expliquen sus sentimientos y descubran los de los demás. Fomente el uso de términos explícitos y familiares y modele esta forma de comportarse comunicando sus propios sentimientos de manera obvia y adecuada. Una jerga amplia y profunda respalda la compasión, la fortaleza y la autoguía al brindar el lenguaje que se espera que explore escenas complejas cercanas al hogar.

El trabajo de los guardianes es mostrar la capacidad de comprender a cualquier persona en un nivel profundo.

Los tutores desempeñan un papel fundamental a la hora de mostrar a sus hijos la capacidad de comprender a las personas en un nivel profundo. Mostrar simpatía en la comunicación con los demás, mostrar versatilidad a pesar de los desafíos y practicar la autoguía en circunstancias cercanas al hogar son buenos ejemplos para los jóvenes. Examinar estos encuentros y los sentimientos incluidos ayuda a desarrollar estas ideas, haciendo de la IE una parte sustancial y básica de la existencia cotidiana.

Atendiendo al Bienestar Emocional en Jóvenes y Adolescentes

El bienestar emocional es una parte básica de la prosperidad general, y atenderlo de forma directa y servicial es fundamental. Percibir los síntomas de problemas de bienestar emocional, como cambios de conducta, de mentalidad o de rendimiento escolar, es el paso más importante a la hora de ofrecer ayuda. Es fundamental establecer un clima en el que los jóvenes tengan una sensación real de tranquilidad para examinar sus sentimientos y batallas. Si bien es esencial, buscar asistencia competente y utilizar recursos como guías, reuniones de apoyo y materiales instructivos pueden ofrecer la ayuda adicional necesaria.

Al cultivar la simpatía, la fuerza y la autoguía, mostrar la capacidad de comprender a las personas en un nivel profundo y cuidar el bienestar emocional de manera proactiva, los tutores e instructores pueden ayudar a los jóvenes y adolescentes a explorar las complejidades del giro mental y cercano a casa. . Esta base de la capacidad de comprender a los individuos en un nivel más profundo contribuye al logro y la dicha individuales, así como a la construcción de una era misericordiosa, versátil y sinceramente consciente.

El trabajo de los guardianes al mostrar la capacidad de apreciar a las personas en un nivel profundo

Los tutores son los primeros y más persuasivos instructores de la capacidad de apreciar a las personas en un nivel más profundo (IE) para sus hijos. A través de sus actividades, reacciones y cooperaciones, los tutores pueden demostrar las partes fundamentales de la IE: compasión, fuerza y autoguía. Este sistema de demostración es fundamental, ya que los jóvenes avanzan más a partir de lo que ven en las formas de comportamiento de sus padres que de pautas inequívocas. Este segmento investiga cómo los tutores realmente pueden exhibir estas habilidades básicas cerca del hogar.

Mostrar simpatía y comprensión

La compasión está en el centro de la capacidad de comprender a las personas en un nivel profundo, lo que nos permite interactuar con los demás en un nivel profundo y cercano al hogar. Para los tutores, mostrar simpatía implica prestar mucha atención a los sentimientos y experiencias de sus hijos sin juicios ni acuerdos inmediatos. Implica aprobar sus sentimientos como genuinos y críticos, sin importar las condiciones objetivas de la circunstancia.

• Atención exclusiva: muéstrele a su hijo que está completamente presente ofreciéndole su consideración unificada, conectándose visualmente y utilizando comunicación abierta no verbal. Reflexiona sobre lo que escuchas para demostrar que lo comprendes.

• Aprobación de sentimientos: utilice frases como "Parece que no estás bromeando..." "Puedo ver la razón por la que eso te enojaría", para reconocer y aprobar los sentimientos de tu hijo. Esta aprobación les indica que sus sentimientos son significativos y percibidos.

• Compartir encuentros individuales: Ofrezca sus propios sentimientos y encuentros de simpatía para mostrar cómo comprender a los demás puede afectar decididamente las conexiones y la prosperidad individual.

Mostrando versatilidad en la aflicción

La versatilidad les enseña a los niños que los contratiempos no son muy difíciles, desafiantes ni característicos. Cuando los padres modelan la fortaleza, les dicen a sus hijos cómo lidiar directamente con las dificultades, beneficiarse de las decepciones y levantarse más firmes. Exhibir fortaleza incluye mantener una perspectiva edificante durante tiempos difíciles, mostrar adaptabilidad incluso con el cambio y considerar las decepciones como puertas abiertas para el desarrollo.

• Delineamiento positivo: en lugar de centrarse en los aspectos negativos de una circunstancia difícil, destaque lo que se puede lograr o cómo tiende a ser una oportunidad de desarrollo. Por ejemplo, después de un día difícil, examine lo que salió mal y lo que debería ser posible en algún momento posterior.

• Demostrar pensamiento crítico: deje que sus hijos lo vean abordar los problemas de manera tranquila y estimada. Examine los medios que está tomando para vencer los obstáculos y muestre que, si bien pocos de cada problema tienen una solución simple, la perseverancia y la inventiva a menudo pueden conducir a una meta.

• Comunicar esperanza: mantenga una actitud esperanzadora, en cualquier caso, cuando las cosas no salgan según lo planeado. Esto no significa ignorar la realidad y concentrarse en lo que se puede controlar y en las oportunidades para lo que está por venir.

Ensayando la autoguía y la atención plena profunda

La autoguía permite a las personas afrontar con éxito sus sentimientos y motivaciones. Para los tutores, practicar la autoguía implica mostrar dominio sobre sus sentimientos y reacciones, especialmente en circunstancias angustiosas. Incluye ser consciente de su estado profundo y elegir reacciones que reflejen las cualidades y formas de comportamiento que desea impartir a sus hijos.

• Respuesta cuidadosa: haga una pausa de un minuto para detenerse antes de responder a la presión o la indignación. Este respiro puede ser tan básico como respirar profundamente o llegar hasta diez. Esta forma de comportarse, cuando la ven los jóvenes, les indica que ellos también tienen control sobre sus respuestas.

• Comunicar sentimientos de manera apropiada: Discuta sus pensamientos con sus hijos de una manera que diga la verdad y sea adecuada. Por ejemplo, decir: "Me siento decepcionado porque no puedo localizar mis llaves" modela cómo nombrar sentimientos y conectarlos con circunstancias explícitas.

• Buscando Ayuda: Demuestre que buscar ayuda y respaldo es una parte del bienestar cercano al hogar. Ya sea conversando con un amigo, un cómplice o un experto sobre sus sentimientos, demuestra la importancia de no cuidar solo las pesas cerca de casa.

Mostrar la capacidad de apreciar a las personas en un nivel profundo es una interacción continua que requiere atención plena, esfuerzo y reflexión. Al mostrar simpatía, mostrar versatilidad en la aflicción y practicar la autoguía y una profunda atención plena, los tutores pueden proporcionar a sus hijos los aparatos y modelos que necesitan para fomentar su capacidad de apreciar a las personas en un nivel más profundo. Estos esfuerzos ayudan a mantener personas genuinamente perspicaces, comprensivas y fuertes que son excepcionales para explorar las complejidades de la vida.

Atendiendo al bienestar psicológico de niños y jóvenes

En una época en la que la conciencia del bienestar psicológico está en ascenso, es fundamental comprender cómo abordar, apoyar y mediar en los problemas de bienestar emocional de niños y jóvenes. Esta sección investiga los aspectos básicos de la percepción de signos de problemas de bienestar psicológico, estableciendo un clima que fomente la correspondencia abierta y el respaldo, y explorando los recursos y enfoques disponibles para una intercesión poderosa.

Percibir indicios de problemas de bienestar emocional

El reconocimiento temprano de los problemas de bienestar emocional es fundamental para ofrecer ayuda y mediación ideales. Sin embargo, los síntomas de problemas mentales en niños y jóvenes a menudo pueden ser sencillos o confundirse con etapas formativas promedio o dificultades de comportamiento.

• Cambios de conducta o estado de ánimo: cambios inesperados o enormes en la conducta o el temperamento, como mayor mal humor, lástima o alejamiento de las colaboraciones sociales, pueden demostrar problemas fundamentales de bienestar emocional.

• Ejecución académica: una disminución perceptible en la ejecución académica o una indiferencia hacia la tarea puede reflejar desafíos en el enfoque, la inspiración o una profunda miseria.

• Efectos secundarios reales: Las objeciones sucesivas de efectos secundarios reales sin una razón clínica razonable, como dolores cerebrales, dolores de estómago o cambios en las pautas de alimentación y descanso, pueden ser indicios de malestar o tristeza.

• Maneras de comportarse arriesgadas: una expansión de las formas de comportarse arriesgadas, incluido el uso de sustancias, la conducción salvaje o los movimientos sexuales peligrosos, puede señalar los esfuerzos por adaptarse a una agonía o dolor profundos.

Estableciendo un clima abierto y estable

Cultivar un clima en el que los niños y jóvenes se sientan seguros y apoyados al hablar de sus pensamientos y experiencias es esencial para atender los problemas de bienestar psicológico.

• Energice la correspondencia abierta: consulte constantemente con su hijo sobre sus sentimientos y experiencias. Escuche eficazmente sin juzgar, ofreciendo simpatía y viendo en lugar de arreglos rápidos o excusas.

• Enseñe sobre el bienestar psicológico: estandarice las conversaciones sobre el bienestar psicológico instruyéndose a usted mismo y a sus seres queridos. Esto incluye comprender los problemas comunes de bienestar psicológico, sus síntomas y la importancia de buscar ayuda.

• Modele métodos sólidos para afrontar tiempos especialmente difíciles: muestre y examine formas sólidas de controlar la presión, como a través del ejercicio, intereses secundarios, estrategias de relajación y discusión de sentimientos.

Valores y enfoques de ayuda e intercesión

Explorar los problemas de bienestar psicológico requiere estar familiarizado con los recursos disponibles y comprender las metodologías que pueden ayudar a los niños y jóvenes a mantenerse eficaces.

• Ayuda competente: es urgente saber cuándo y cómo buscar asistencia competente. Esto puede incluir médicos, especialistas, instructores o servicios de bienestar psicológico en la escuela. La intercesión temprana puede afectar por completo la administración y el tratamiento de problemas de bienestar emocional.

• Recursos locales y en línea: recursos de grupos de personas de influencia, por ejemplo, reuniones de apoyo, estudios y escenarios en línea, que ofrecen información, respaldo y asociación con otros que enfrentan dificultades comparativas.

• Metodología cooperativa: trabaje cooperativamente con expertos en bienestar psicológico, instructores y otros grupos relevantes para ayudar a su hijo. Esto incluye compartir datos, participar en reuniones de tratamiento si es necesario y ejecutar los procedimientos sugeridos en el hogar y en la escuela.

Cuidar el bienestar emocional de niños y adolescentes es una parte compleja pero fundamental de la crianza y el cuidado. Al percibir los síntomas de los problemas de bienestar emocional, establecer un clima sólido y utilizar recursos y enfoques accesibles para la mediación, los tutores y las figuras paternas pueden desempeñar un papel urgente en el apoyo a la prosperidad psicológica y familiar de las personas de edad más temprana. Este enfoque proactivo e informado garantiza que los niños y adolescentes tengan la ayuda que necesitan para explorar las dificultades del bienestar emocional, cultivar la fortaleza, la comprensión y la reparación.

| 5 |

Capítulo 5: Disciplina y orientación en la crianza de los hijos moderna

En el ámbito de la crianza actual, la disciplina y la dirección se han desarrollado esencialmente a partir de los modelos convencionales de disciplina. Esta sección investiga las sutilezas de los procedimientos de disciplina positiva, la importancia de definir límites en un mundo innegablemente sin fronteras y técnicas para mostrar a los niños responsabilidad y autonomía. A través de estas metodologías, los tutores pueden cultivar un clima hogareño que fomente el desarrollo, el aprendizaje y la consideración compartida.

Superando la disciplina convencional: estrategias de disciplina positiva

La disciplina positiva se centra en instruir y dirigir a los niños para que tomen decisiones preferibles en lugar de rechazarlos por hacer travesuras. Este enfoque intenta descubrir las explicaciones de las actividades de un niño y aborda acuerdos que abordan los factores subyacentes. La disciplina positiva se basa en la base de la adoración, la consideración y el aprecio, lo que promueve el autocontrol, la obligación y las habilidades de pensamiento crítico de los jóvenes.

• Averiguar el por qué: Empiece por comprender la razón por la que un niño actúa con un objetivo específico en mente. Esto frecuentemente requiere correspondencia abierta y compasión, percibiendo que el alboroto es muchas veces un tipo de correspondencia en sí misma.

• Supuestos claros y resultados confiables: Establezca estándares y supuestos claros dentro de la familia. Cuando se infrinjan esas reglas, aplique resultados que estén realmente relacionados con el alboroto y que el niño identifique de antemano.

• Centrarse en los arreglos: trabaje con el niño para buscar respuestas a problemas sociales. Este enfoque permite a los jóvenes asumir un sentido de propiedad de sus actividades y descubrir el efecto de sus decisiones.

• Consuelo sobre los aplausos: Ofrecer apoyo que se centre en el trabajo y la interacción en lugar de simplemente en el resultado. Esto ayuda a desarrollar una inspiración innata y un sentimiento de logro.

Definiendo límites en un mundo sin fronteras

En la era informática actual, los niños se enfrentan a una amplia gama de impactos a través de la web y el entretenimiento en línea. Definir límites es fundamental para ayudarlos a explorar este mundo ilimitado de manera segura y capaz.

• Límites computarizados: Establecer reglas claras sobre la utilización de la innovación, incluido qué tipos de contenido son adecuados, límites de tiempo de uso y la importancia de la seguridad y el bienestar en línea.

• Límites verdaderos: más allá del dominio avanzado, es esencial definir límites en torno a la conducta, por ejemplo, cómo comunicarse con los demás de manera deferente, la importancia del asentimiento y determinar el espacio privado.

• Incluir a los niños en el establecimiento de límites: conéctese con los jóvenes durante el tiempo dedicado a definir estos límites. Esta asociación les ayuda a comprender las razones de las reglas y les insta a cumplir con su obligación.

Mostrando responsabilidad y autonomía

Crear responsabilidad y libertad en los jóvenes es un objetivo fundamental de la educación actual. Esto incluye dar puertas abiertas a los niños para que decidan, experimenten los resultados de sus actividades y participen en las obligaciones familiares.

• Diligencias adaptadas a la edad: Asigne tareas que sean razonables para la edad y capacidad del joven. Esto aumenta la familia y crea un sentimiento de obligación y de tener un lugar.

• Puertas abiertas dinámicas: permita a los jóvenes tomar decisiones sobre sus vidas, desde qué ponerse hasta cómo invertir su energía libre. La dinámica dirigida les ayuda a crear juicio y libertad.

• Habilidades de pensamiento crítico: inste a los niños a inventar respuestas a sus inquietudes, ofreciéndoles dirección y respaldo caso por caso. Esto fomenta la libertad de pensamiento y de actividades.

• Obligación monetaria: Muestre a los niños cobrar a los ejecutivos a través de remesas, objetivos de ahorro y planificación. Comprender el valor del dinero y el trabajo que se espera para obtenerlo es una habilidad fundamental vital.

Considerándolo todo, la disciplina y la dirección en la crianza actual están ligadas a la construcción de conexiones en vista de la consideración, la comprensión y la participación compartidas. Al utilizar métodos de disciplina positivos, definir límites adecuados y mostrar responsabilidad y autonomía, los tutores pueden guiar a sus hijos para que se conviertan en personas libres, perspicaces y autocontroladas. Esta sección significa proporcionar a los padres los instrumentos y la comprensión necesarios para explorar el alucinante viaje de criar a los niños hoy en día, garantizando que la disciplina no se trata solo de rectificar la mala conducta, sino de educar y dirigir a los niños hacia un desarrollo y un desarrollo positivos. .

Capítulo 6: Educación para el futuro

El panorama de la formación está atravesando un cambio significativo, afectado por avances mecánicos, cambios en el mercado de los conciertos y necesidades culturales cambiantes. Esta sección investiga el concepto en desarrollo de escolarización y aprendizaje duradero, metodologías para fomentar el amor por avanzar más allá de los entornos de sala de estudio convencionales y la importancia de preparar a los niños para profesiones que quizás aún no existan. Al adoptar estas ideas, los tutores y maestros pueden brindar a los jóvenes las habilidades, la actitud y la versatilidad que necesitan para prosperar de ahora en adelante.

El escenario cambiante de la instrucción y el aprendizaje duradero

El panorama educativo del siglo XXI se caracteriza por un cambio hacia oportunidades de crecimiento más personalizadas, impulsadas por la innovación y centradas en las habilidades. El aprendizaje profundo se ha convertido en una necesidad, impulsada por la rápida velocidad del progreso en la mayoría de los campos especializados.

• Aprendizaje personalizado e impulsado por la innovación: El ascenso de las etapas computarizadas y la programación instructiva ha hecho que el aprendizaje sea más abierto y personalizado según las necesidades y la velocidad de los estudiantes individuales.

• Centrarse en el razonamiento decisivo y el pensamiento crítico: los modelos educativos convencionales centrados en la retención de repeticiones están dando paso a enfoques que subrayan el razonamiento decisivo, la imaginación y las capacidades de pensamiento crítico.

• Aprendizaje profundamente arraigado: la idea de la enseñanza como una tarea duradera refleja la verdad de la fuerza laboral actual, donde el dominio y la mejora incesantes de la experiencia son importantes para seguir siendo pertinentes y despiadados.

Potenciar el afecto para avanzar más allá de la sala de estudio

Fomentar la afición por el aprendizaje en los niños implica ampliar las experiencias educativas más allá del aula habitual y hacia un mundo más amplio.

• Aprendizaje experiencial: Atraiga a los niños a oportunidades activas de crecimiento que asocien ideas instructivas con aplicaciones certificables. Esto podría incorporar excursiones, exámenes de ciencias en casa o proyectos de administración del área local.

• Energizar el interés y la investigación: respaldar las inclinaciones e intereses de los jóvenes brindándoles activos y oportunidades increíbles para investigar temas que los intrigan, independientemente de si quedan fuera del plan educativo estándar.

• Fomentar la lectura para disfrutar: desarrolle el gusto por la lectura familiarizando a los niños con una amplia variedad de escritos y creando una cultura familiar que valore la lectura como un movimiento de relajación.

No existe tal cosa como preparar Niños para las Vocaciones que

Con el mercado de conciertos avanzando rápidamente, un gran número de los jóvenes actuales terminarán en vocaciones que no existen actualmente. Prepararlos para este futuro incierto requiere un énfasis en habilidades versátiles y una mentalidad orientada al desarrollo y al aprendizaje duradero.

• Mostrar habilidades versátiles: enfoque en habilidades de instrucción que son pertinentes en diferentes campos, como correspondencia, esfuerzo conjunto, razonamiento decisivo y educación computarizada.

• Cultivar la imaginación y el desarrollo: inste a los niños a pensar de manera inventiva, desafiar los pensamientos habituales y aceptar la decepción como una posible puerta abierta al aprendizaje. La imaginación será un diferenciador vital en un futuro informatizado.

• Desarrollar un alma innovadora: mostrar a los jóvenes el emprendimiento empresarial y los rudimentos para iniciar sus propios emprendimientos u organizaciones. Esto forma habilidades comerciales con sentido común y también insta a una forma proactiva de abordar el camino de la propia profesión.

• Destacar la importancia de las habilidades delicadas: si bien las habilidades especializadas son importantes, las habilidades delicadas como la versatilidad, la simpatía y la capacidad de comprender a las personas en un nivel profundo resultarán cada vez más esenciales en un futuro abrumado por la conexión de inteligencia basada en humanos y computadoras.

Considerándolo todo, la Parte 6 presenta la importancia de adaptarse al escenario cambiante de la educación y el trabajo de los tutores y maestros a la hora de preparar a los niños para un futuro cargado de oscuros resultados potenciales. Al potenciar el aprendizaje duradero, cultivar la afición por avanzar más allá de la sala de estudio y proporcionar a los jóvenes habilidades versátiles y una mentalidad innovadora, podemos garantizar que estén preparados para explorar las dificultades y aprovechar las oportunidades que representan las cosas. venir. Esta sección sirve como ayuda para que los tutores y maestros ayuden a los jóvenes a convertirse en estudiantes duraderos, aptos para adaptarse y prosperar en un universo de cambio y desarrollo constantes.

Capítulo 7: Vida Sostenible y Responsabilidad Ambiental

A medida que el mundo se vuelve cada vez más consciente de las dificultades ecológicas, la importancia de cultivar valores de sostenibilidad y protección desde el principio nunca ha sido más fundamental. Esta parte profundiza en las técnicas para impartir estas cualidades en los niños, presenta formas realistas en las que las familias pueden disminuir su impresión natural y examina cómo preparar a los jóvenes para que se conviertan en administradores del planeta. Al coordinar estos estándares en la existencia diaria, los guardianes y maestros pueden desarrollar una mentalidad consciente de la Tierra en el futuro, garantizando que estén preparados para enfrentar y abordar las dificultades ambientales que representan lo que vendrá.

Ventajas arraigadas de la manejabilidad y la preservación

Mostrar a los niños manejabilidad y preservación incluye algo más que darle sentido a las ideas; está relacionado con implantar estas cualidades en la vida cotidiana y convertirlas en una parte característica de la perspectiva de los jóvenes.

• Muestre a los demás cómo se hace: los jóvenes se benefician al fijarse en los adultos que los rodean. Al exhibir prácticas sustentables en su rutina habitual, como reutilizar, moderar el agua y disminuir el desperdicio, puede establecer un modelo sólido a seguir para sus hijos.

• Participe en ejercicios sobre la naturaleza: invertir energía de forma rutinaria en la naturaleza puede cultivar un profundo aprecio por el clima. Ejercicios como escalar, plantar y experimentar la vida salvaje pueden ayudar a los niños a fomentar una interacción especial con el planeta y el deseo de protegerlo.

• Recursos instructivos e intercambio: utilice libros, narrativas y recursos en línea para enseñar a los jóvenes sobre cuestiones ecológicas y la importancia de la manejabilidad. Fomente conversaciones abiertas sobre estos temas y preste atención a sus pensamientos e inquietudes.

Maneras con los pies en la tierra en las que las familias pueden disminuir su impresión natural

Disminuir la impresión natural de una familia es un esfuerzo conjunto que implica tomar decisiones conscientes y trabajar en las tendencias cotidianas. A continuación se presentan avances prácticos que las familias pueden aprovechar para vivir de manera más económica:

• Disminuir, Reutilizar, Reutilizar: Asumir las tres R: disminuir el desperdicio, reutilizar cosas siempre que la situación lo permita y reutilizar. Muestre a los jóvenes la importancia de estas prácticas e inclúyalos en la organización de los materiales reciclables y en la búsqueda de formas imaginativas de reutilizar las cosas.

• Decisiones de transporte compatibles: potenciar los paseos, las caminatas, el uso compartido de automóviles y el uso del transporte público para reducir los subproductos de combustibles fósiles. Planifique viajes familiares que incluyan métodos de transporte ecológicos.

• Protección de Bienes: Llevar a cabo medidas de ahorro energético en el hogar, por ejemplo, utilizar bombillas Drove, apagar luces y aparatos cuando no se utilizan y controlar el agua. Inste a los niños a ser conscientes de su uso y a realizar movimientos sencillos como cerrar el grifo mientras se limpian los dientes.

• Apoye los artículos manejables: elija artículos que sean ecológicos, por ejemplo, aquellos producidos con materiales reutilizados o de organizaciones con prácticas factibles. Incluya a los niños en el sistema de compras y muéstreles cómo tomar decisiones naturalmente conscientes.

Planificar a los jóvenes para que sean administradores del planeta

Involucrar a los niños para que sean administradores del planeta implica equiparlos con la información, las habilidades y la inspiración para avanzar en cuestiones naturales y tener una existencia manejable.

• Desarrollar un sentimiento de obligación: inste a los niños a desempeñar un papel funcional en la seguridad natural a través de ejercicios como limpieza de áreas locales, plantación de árboles y proyectos de preservación de la vida silvestre. Destaque el efecto de estas actividades en el mundo y la importancia de la obligación individual.

• Promoción y gestión avanzadas: respaldar a los jóvenes para que defiendan las causas naturales que les interesan. Esto podría incluir participar en proyectos de gestión escolar, unirse a clubes ecológicos o redactar cartas a agentes cercanos sobre cuestiones naturales.

• Cultivar el desarrollo y la inventiva: inste a los niños a reflexionar sobre las respuestas a las dificultades naturales. Los proyectos que incluyen la planificación de creaciones mantenibles o la creación de técnicas de preservación pueden despertar un razonamiento imaginativo y una forma proactiva de abordar la gestión ecológica.

Con todo, la Sección 7 destaca el significado de coordinar la manejabilidad y la obligación ecológica en la textura de las vidas de los jóvenes. Al impartir ventajas de la preservación, realizar ensayos pragmáticos de apoyo y planificar a los niños para que sean administradores proactivos del planeta, las familias pueden contribuir a un futuro más manejable. Esta parte brinda una guía a tutores y maestros para sostener una edad naturalmente consciente, preparada para enfrentar las dificultades ambientales de su experiencia con información, responsabilidad y actividad.

Capítulo 8: Salud y Bienestar en la Era Digital

La era informática ha supuesto una notable admisión y disponibilidad de información, pero también presenta dificultades interesantes para el bienestar físico y psicológico de los niños. Esta sección investiga cómo explorar estas dificultades, subrayando la importancia de la alimentación, el ejercicio, el descanso y atendiendo preocupaciones como el ciberacoso y la seguridad en línea. Al adoptar una forma integral de abordar el bienestar y la salud, los tutores y profesores pueden ayudar a los niños a prosperar tanto en el universo digital como en el real.

Explorando las dificultades del bienestar físico y psicológico de los niños

La integración de la innovación informática en la vida cotidiana influye de manera compleja en el bienestar físico y psicológico de los jóvenes. Si bien la innovación ofrece beneficios educativos y sociales, el tiempo innecesario frente a una pantalla se ha relacionado con otros problemas de salud, desde problemas de postura y de visión inadecuados hasta un mayor riesgo de sobrepeso y desánimo.

• Tiempo de pantalla ajustado: implemente reglas para el tiempo de pantalla que fomenten una buena coordinación entre ejercicios computarizados y actividades desconectadas. Energice los descansos durante el uso prolongado de la pantalla para disminuir la fatiga visual y la inquietud real.

• Utilización cuidadosa de la innovación: promover un compromiso cuidadoso con la innovación, subrayando estándares más altos pase lo que pase. Inste a los jóvenes a atraer contenido que sea instructivo, avance o cultive la imaginación.

• Discurso abierto sobre encuentros avanzados: los debates estándar sobre encuentros basados en la web pueden ayudar a distinguir los problemas que influyen en el bienestar emocional, por ejemplo, la apertura a sustancias pesimistas o las presiones del entretenimiento virtual. Este discurso cultiva un clima en el que los niños se sienten felices buscando ayuda.

La importancia del sustento, el ejercicio y el descanso

Una base de buena alimentación, actividad habitual y descanso adecuado es fundamental para el bienestar y la prosperidad de los niños, ya que les brinda la energía y la flexibilidad necesarias para explorar escenarios tanto computarizados como reales.

• Sustento: Demuestre el valor de una buena alimentación rica en frutas, verduras, cereales integrales y proteínas magras. Incluya a los niños en la preparación de la cena y en su preparación para impartirles hábitos dietéticos inteligentes.

• Hacer ejercicio: potenciar el trabajo activo normal integrándolo en los horarios familiares, ya sea mediante deportes, juegos al aire libre o paseos familiares. La práctica trabaja en el bienestar real y mejora el estado de ánimo y la prosperidad mental.

• Descanso: Establezca horarios de descanso constantes que garanticen que los niños obtengan la cantidad de descanso sugerida para su edad. Limite el tiempo frente a la pantalla antes de acostarse para evitar los problemas de sueño provocados por la exposición a la luz azul.

Atendiendo al ciberacoso y la seguridad online

El ciberacoso y la seguridad en línea son preocupaciones críticas en la era informatizada. Instruir a los niños sobre estos temas y cultivar una correspondencia abierta puede ayudar a aliviar los riesgos y respaldar el bienestar psicológico de los niños.

• Instrucción sobre el acoso cibernético: muestre a los niños las estructuras que puede adoptar el acoso cibernético y sus efectos. Involucrelos para enfrentar el acoso, ya sea la persona en cuestión o un observador, y garantice que sepan cómo denunciar comportamientos indecorosos en la web.

• Prácticas de bienestar en línea: hable sobre la importancia de los entornos de protección, los peligros de compartir datos individuales y cómo percibir y responder a los peligros en línea. Permita reflexionar decisivamente sobre la confiabilidad de las fuentes en línea y la inmutabilidad de las impresiones computarizadas.

• Redes de apoyo emocional: establezca una red de apoyo emocional a la que los jóvenes puedan acudir mientras enfrentan problemas en línea, incluidos tutores, maestros y adultos de confianza. Darse cuenta de que cuentan con un grupo de personas alentador puede disminuir el profundo efecto del ciberacoso y otras dificultades basadas en Internet.

Con todo, la Sección 8 enfatiza una forma exhaustiva de abordar el bienestar y el bienestar en el tiempo informatizado, atendiendo a las dificultades de bienestar físico y emocional que presentan los niños. Al fomentar el uso adaptado de la innovación, promover decisiones sólidas sobre el estilo de vida y enseñar sobre los peligros de la web, los padres y maestros pueden ayudar a los niños a llevar una vida sana y satisfactoria en el mundo informatizado actual. Este método integral garantiza que los niños estén preparados para explorar las complejidades de la era informática con flexibilidad, información y respaldo.

| **9** |

Capítulo 9: Fomentar la próxima generación de líderes

El mundo necesita pioneros visionarios que puedan explorar las complejidades con compasión, avance y versatilidad. Esta sección enmarca las habilidades de autoridad fundamentales para el siglo XXI, las estrategias para potenciar la responsabilidad social y la atención plena global en las personalidades jóvenes, y ofrece análisis contextuales apasionantes de los jóvenes pioneros. Al desarrollar estas características, los tutores y maestros pueden ayudar a formar a los niños en las mentes del mañana, preparados para enfrentar las dificultades mundiales con fortaleza e innovación.

Habilidades de administración para el siglo XXI

Los líderes del mañana necesitan una combinación de habilidades duras y delicadas para explorar las dificultades de un mundo que impacta rápidamente. Estas habilidades incluyen:

• Razonamiento decisivo y pensamiento crítico: los pioneros deben examinar los datos fundamentalmente para tomar decisiones informadas y abordar cuestiones complicadas de manera innovadora.

• Correspondencia y Esfuerzo Conjunto: La correspondencia poderosa y la capacidad de trabajar dentro de diferentes grupos son fundamentales. Los pioneros deben expresar sus pensamientos con claridad y fomentar un clima de participación y consideración común.

• Flexibilidad y Versatilidad: La capacidad de adaptarse al cambio y recuperarse de las dificultades es esencial en un mundo acelerado. Los pioneros deben exhibir adaptabilidad y una perspectiva inspiradora ante los desafíos.

• La capacidad de apreciar a cualquier persona en su esencia: comprender y lidiar con los propios sentimientos, así como relacionarse con otras personas, son claves para una administración fructífera. Incluye atención plena, autoguía, inspiración, compasión y habilidades interactivas.

• Dirección moral independiente y rectitud: estándares morales sólidos y la audacia de permanecer en ellos, en cualquier caso, cuando se ponen a prueba, son básicos para una autoridad confiable.

Potenciando la obligación social y la atención plena a nivel mundial

Para preparar a los jóvenes para puestos influyentes, es importante desarrollar un sentimiento de obligación hacia la sociedad y una familiaridad con los problemas mundiales.

• Aproveche los acontecimientos recientes: examine los acontecimientos recientes y los problemas mundiales a un nivel adecuado para su edad. Apoyo decisivo contemplando las causas, impactos y posibles respuestas a estas dificultades.

• Voluntariado y Administración del área local: Participe en la administración del área local y ejercicios de voluntariado como familia. Esto ayuda a los desfavorecidos e imparte un sentimiento de compasión y obligación hacia el área local.

• Comercio social y apreciación de la variedad: abrir a los jóvenes a diferentes sociedades y puntos de vista a través de libros, medios, viajes y desarrollos generalizados. Comprender y valorar la variedad es esencial para la autoridad mundial.

Investigaciones contextuales de los jóvenes pioneros y cómo sus pueblos los apoyaron

Este segmento presenta relatos conmovedores de jóvenes que han tenido un impacto tremendo en sus redes o en el mundo en general.

Estos análisis contextuales investigan las excursiones administrativas de estos jóvenes pioneros, centrándose en las habilidades y valores que los impulsaron hacia adelante y el trabajo que desempeñaron sus padres y guías en su turno de acontecimientos.

• Modelo 1: Activismo Natural: Una joven que inició un desarrollo ecológico mundial, impulsada por un proyecto escolar y sostenida por tutores que apoyaron su energía y le brindaron bienes para aprender y desarrollarse.

• Modelo 2: Desarrollo mecánico: un joven innovador que impulsó otra innovación para abordar un problema del área local, con tutores que mantuvieron su interés y capacidad de pensamiento crítico proporcionándole instrumentos, materiales y ayuda moral.

• Modelo 3: Derechos civiles: un joven que creó una organización benéfica para luchar contra la vergüenza social, impulsado por encuentros privados y sostenido por tutores que le impartían ventajas de simpatía, audacia y compromiso social.

En general, la Parte 9 presenta una forma de gran alcance para abordar el apoyo a la próxima era de pioneros, enfatizando la importancia de las habilidades de autoridad, el deber social, la atención global y los buenos ejemplos útiles que han diagramado un camino de influencia y crecimiento. . Al cultivar estas características y apoyar los intereses e impulsos de los niños, los tutores y maestros pueden involucrar a los líderes del mañana para lograr cambios positivos en el planeta.

Conclusión

La excursión de la crianza es casi tan anticuada como la propia humanidad, pero cada época enfrenta dificultades excepcionales y puertas abiertas. En este libro, "Apoyando el futuro: estrategias de crianza actuales", hemos investigado los diversos escenarios de la crianza de los niños en el mundo actual que impacta rápidamente. Desde abrazar la transformación computarizada hasta cultivar la capacidad de comprender a las personas en un nivel profundo, desde empoderar una vida factible hasta prepararse para destinos oscuros, el trabajo de un padre nunca ha sido más complejo o más básico. Este objetivo pretende destilar la quintaesencia de las estrategias de crianza actuales, reflexionar sobre el recorrido versátil de la crianza y proyectar una visión segura del futuro que nuestros hijos adquirirán y moldearán.

Resumiendo las cuestiones centrales de los procedimientos de crianza actuales

La educación actual requiere un equilibrio entre el conocimiento tradicional y las formas creativas de abordar las dificultades excepcionales del siglo XXI. Los temas centrales incluyen:

• Adaptarse a la edad avanzada: explorar las ventajas y los enredos de la innovación es fundamental. Ajustar el tiempo frente a la pantalla, garantizar el bienestar en la red y utilizar dispositivos avanzados para mejorar el aprendizaje y la disponibilidad son metodologías fundamentales.

• Desarrollar la capacidad de comprender a las personas a un nivel profundo: cultivar la simpatía, la flexibilidad y la autoguía proporciona a los jóvenes las herramientas internas para explorar los tiempos prometedores y menos prometedores de la vida. Los guardianes modelan estas habilidades a través de sus actividades y reacciones.

• Avanzar en el bienestar y la salud: en una época de abundante información e interrupciones, centrarse en el bienestar real, la prosperidad mental y el equilibrio nutricional es esencial para crear niños sanos y felices.

• Impartir manejabilidad y obligación: mostrar a los niños responsabilidad ecológica y obligación social los prepara para contribuir decididamente al mundo.

• Potenciar el aprendizaje y la autoridad duraderos: preparar a los niños para lo que está por venir implica mantener el amor por el aprendizaje, la imaginación y las habilidades administrativas que les ayudarán en vocaciones y dificultades aún por imaginar.

La excursión continua de aprendizaje y adaptación como guardianes

La crianza no es ciertamente una tarea estática, sino un viaje diferente que se desarrolla a medida que nuestros hijos crecen y el mundo cambia a nuestro alrededor. Requiere aprendizaje persistente, autorreflexión y variación. La era informática, con cada una de sus complejidades, ofrece tantas puertas abiertas para el desarrollo y la asociación como dificultades. Como tutores, adoptar una mentalidad de aprendizaje profundamente arraigado (tanto para nuestros hijos como para nosotros mismos) garantiza que sigamos siendo ayudantes importantes, compasivos y convincentes para nuestros hijos.

Este viaje también incluye la audacia de abordar y avanzar más allá de los modelos de crianza que adquirimos. Implica mantenerse informado sobre las últimas investigaciones y debates sobre el desarrollo infantil, el bienestar emocional y la educación, y estar dispuesto a ajustar nuestros sistemas según sea necesario. En particular, incluye prestar atención a nuestros jóvenes, ya que frecuentemente tienen mucho que mostrarnos sobre su versatilidad, flexibilidad y el mundo informatizado que exploran con más normalidad que nosotros.

Motivando una visión segura para el futuro

A medida que planificamos con antelación, obviamente nuestros hijos adquirirán un mundo inmensamente único en relación con el que conocemos hoy. Sin embargo, con cada desafío viene una puerta abierta. El futuro, criado con las habilidades, valores y experiencias examinadas en este libro, está preparado para afrontarlo con imaginación, simpatía y versatilidad.

Imaginamos un futuro en el que nuestros jóvenes, guiados por los estándares de la capacidad de comprender a las personas a un nivel profundo, la administración ecológica y la obligación mundial, lideren el camino para crear un mundo más manejable, justo y empático. Serán los pioneros, los pacificadores y los pioneros que exploren las complejidades de los 100 años XXI con elegancia y seguridad.

Esta visión segura de lo último en tecnología no es simplemente una fantasía, sino una fuente de inspiración para tutores, instructores y redes. Nos advierte que nuestro trabajo como cuidadores de la vanguardia es posiblemente uno de los principales compromisos que podemos asumir con lo que nos depara el futuro. Al invertir recursos en el giro de los acontecimientos de nuestros jóvenes (interna, mental y moralmente), estamos sembrando las semillas de un mundo más brillante y más seguro.

En igualdad de condiciones, "Sostener el futuro: estrategias de crianza actuales" es más que una ayuda; es un estímulo para emprender una empresa enriquecedora que se distingue por el desarrollo, el desafío y el placer de criar niños que están listos para dejar un legado. Mientras seguimos aprendiendo, adaptándonos y desarrollándonos cerca de nuestros jóvenes, lo hacemos con la certeza de que estamos sentando las bases de un futuro cargado de compromiso y potencial. Juntos, ¿qué tal si motivamos y defendemos a los más vanguardistas mientras se adaptan para enfrentar las situaciones y oportunidades de la edad avanzada y más?